Bevor *Andreas Schlüter* mit dem Schreiben von Kinder- und Jugendbüchern begann, leitete er Kinder- und Jugendgruppen und arbeitete als Journalist und Redakteur.

Irene Margil ist gelernte Fotografin, arbeitete mehrere Jahre in der Sat1-Fußballredaktion ›ran‹ und ist ausgebildete Lauftherapeutin.

Gemeinsam sind sie seit vielen Jahren ein eingespieltes Team und haben bereits viele sehr erfolgreiche Fußballbücher für Kinder geschrieben.

Weitere Informationen zum Kinder- und Jugendbuchprogramm der S. Fischer Verlage finden Sie unter *www.fischerverlage.de*

FUSSBALL HAIE

Kampf um den Bolzplatz

GESCHRIEBEN VON
ANDREAS SCHLÜTER
UND IRENE MARGIL

MIT BILDERN
VON
MICHAEL VOGT

FISCHER Taschenbuch

Liebe Leser, liebe Leserinnen,
diese Geschichte ist frei erfunden.
Nichts davon ist wirklich passiert.

Wir danken Zeljko Ristic, ehemaliger Jugendtrainer bei Hertha BSC und heute Streetworker, für seine fachliche Beratung. Er gehört in Berlin zu einem Organisations-Team, das regelmäßig Straßenfußball-Touren veranstaltet.

Der Titel ist auch als Hörbuch im Handel erhältlich.
Die Serie ist bei Antolin gelistet.

MIX
Papier aus verantwortungsvollen Quellen
FSC® C014496

Erschienen bei FISCHER Kinder- und Jugendtaschenbuch
Frankfurt am Main, September 2022

Satz: pagina GmbH, Tübingen
Druck und Bindung: GGP Media GmbH, Pößneck
Printed in Germany
ISBN 978-3-596-81303-2

INHALT

TOR
W

GO!
HAIE SIND

Kapitel 1

LIEBLINGSPLATZ

Pedro dribbelte zu seinem Bolzplatz, dem ‚Sparri'. Für ihn gab es keinen schöneren Fleck in der ganzen Stadt. Er war nur ein paar hundert Meter von seinem Zuhause entfernt. Wie eine Arena lag sein Lieblingsplatz dort im Park, in den Boden eingelassen und von einem schrägen Zaun begrenzt. Natürlich hatte Berlin noch einiges anderes zu bieten, zum Beispiel das Brandenburger Tor, den Fernsehturm, den Tierpark oder das Olympia-Stadion. Aber Pedro bedeutete sein Spielfeld, mit den Parkbänken und Bäumen dahinter, mehr als jeder andere Ort. Dort traf er sich mit seinen besten Freunden, den Fußball-Haien, und versuchte jeden Tag ein bisschen besser zu spielen. Mit ihrem Namen zeigten sie allen, wie entschlossen sie waren, es später mal bis in die Bundesliga zu schaffen. Mit ihren zehn bis zwölf Jahren waren die Haie jünger und kleiner als die ‚Knödel' – wie sie die größeren Jungs wegen ihrer Muskelpakete nannten –, aber kleine Fische waren sie deswegen trotzdem nicht. Auch Pedro nicht, obwohl er sich im Verein regelmäßig so fühlte. Ulf, der Älteste der Knödel, spielte im selben Verein, sogar in derselben Mannschaft. Aber bei Pflichtspielen hockte Pedro regelmäßig auf der Ersatzbank. Zum Einsatz kam er nie. Dann wünschte er sich jedes Mal, noch zwei Tage jünger zu sein. Nur wegen seines blöden Geburtsdatums, dem 30. Dezember, musste er nämlich schon in der C-Jugend spielen. Wäre er zwei Tage später geboren, würde er noch in der D-Jugend spielen und stünde dort bestimmt immer auf dem Platz. So wie hier, auf seinem Sparri. Die Knödel plusterten sich auf dem Sparri zwar auch ständig auf, besonders Ulf. Aber Pedro und die anderen hatten ihnen schon ein paar Mal die Zähne gezeigt, und das würde nach der großen Veränderung bei den Fußball-Haien nun noch öfter vorkommen. Was bei Straßenkickern eher ungewöhnlich war, empfanden Pedro und seine Jungs als Glücksfall: Sie hatten seit neuestem einen Trainer: David Brown, genannt ‚Tatty' – einen ehemaligen Fußballprofi aus Jamaika. Das passte super, denn die Haie waren eine bunte internationale Truppe. Neben Deutschland waren die Türkei, Griechenland, Spanien, Argentinien und Ghana als Länder vertreten.

Schon seit dem ersten Training überraschte Tatty sie mit ungewöhnlichen Übungen, bei denen sie sich zum Beispiel Gemüse- und Obstsorten zurufen mussten. Außerdem hatte er jedem eine besondere Aufgabe gegeben:

Die Zwillinge Tim und Tom sollten ihren Körper mehr einsetzen, Respekt vor dem Gegner – ja. Aber zu viel Abstand – nein. Mehmet, Dimitri und Max sollten ihre Trefferquote verbessern, viele Torschüsse – ja, aber präzise! Uhuru sollte vorne mehr eingreifen und aufhören, pausenlos zu brüllen, und stattdessen lieber kurze Ansagen machen. Tatty hatte ihm prompt vorgeschlagen, sich eine Zeitlang ein Pflaster auf den Mund zu kleben. Das wollte Uhuru auf gar keinen Fall, und seitdem spielte er mit zusammengekniffenen Lippen. Diego dagegen sollte mehr mit den anderen reden und auch mal hinten aushelfen. Für den Spanier Juan, der erst ein paar Worte Deutsch sprach, hatte Tatty eine Liste mit den wichtigsten Fußballbegriffen erstellt. Die sollte er nun so schnell wie möglich lernen.

Zachi, ihr Torhüter, war zwar in Deutschland geboren, aber seit er eine Zahnklammer verpasst bekommen hatte, verstand ihn kein Mensch mehr. Da half auch keine Vokabelliste, sondern nur Warten, bis er das Ding eines Tages wieder los sein würde. Zachi musste also nicht an seinen Worten, sondern an seiner Sprungkraft arbeiten. Und Pedros Aufgabe war es, seinen Antritt vorwärts und rückwärts zu verbessern und weniger auf den Ball zu schauen.

Das Training begann erst in einer Stunde. Bis dahin wollte Pedro Dribblings zwischen den Bäumen neben dem Platz üben. Das ging dort besonders gut.

Am Parkeingang lief er an einer Gruppe feingekleideter Leute vorbei. Einer hatte einen großen Stadtplan dabei und zeigte in verschiedene Richtungen, während die anderen seinen Ausführungen folgten. Typisch Touristen, dachte Pedro. Doch seit wann war der Sparri eine Sehenswürdigkeit?

Die Gruppe interessierte sich sogar für die Bäume und Sträucher. Eine seltsame

SPORTS

Stadtführung, dachte Pedro, als er an ihnen vorbeidribbelte.

„Blitzartig antreten und Kopf hoch – der Ball läuft von alleine!“, erinnerte er sich an Tattys Worte. Anfangs umkurvte er die Bäume, den Blick nur nach vorne gerichtet, noch etwas zögerlich. Aber schon kurze Zeit später ließ er sie immer schneller hinter sich, die Augen nur noch hin und wieder auf den Ball gerichtet.

Genauso auch in dem Moment, als vor ihm plötzlich Herr Putzer auftauchte. Ein freundlicher Rentner aus der Nachbarschaft, der sich seine Langeweile hin und wieder damit vertrieb, im Park nach dem Rechten zu sehen und Papier aufzusammeln. So wie jetzt. Mit einer langen Zange fischte er ein verwittertes Zeitungsblatt aus einem Blumenbeet.

Doch als er Pedro auf sich zu rennen sah, stellte er sich ihm breitbeinig in den Weg.

„Guten Tag, Herr Putzer“, begrüßte Pedro ihn.

„Hallo, Pedro“, grüßte der Mann zurück. „Dein Ehrgeiz in allen Ehren, aber musst du hier zwischen meinen Freunden spielen?“ Lächelnd klopfte er mit seiner Zange gegen den Baumstamm neben sich.

„Solange ich keine echten Gegner habe, nehme ich es wenigstens mit denen hier auf“, sagte Pedro augenzwinkernd und klopfte gegen den Baumstamm vor sich. „Ich störe im Moment doch niemanden, oder?“

Pedros Hand berührte ein silbernes Klebeband, das um den Stamm gewickelt war. „Wozu haben die denn alle plötzlich diese Kapitänsbinden?“, fragte er und grinste.

Herr Putzer zuckte mit den Schultern. „Schädlingsbekämpfung? Ernsthaft krank können sie aber nicht sein, die schauen doch prächtig aus!“, sagte er und blickte hinauf in die rötlichen Baumkronen. In diesem Moment kam von der anderen Seite Max angelaufen.

Pedro verabschiedete sich von Herrn Putzer, denn nun musste er ja nicht mehr allein spielen. Er winkte Max zu, traf ihn auf halbem Wege, von wo aus sie gemeinsam zum Bolzplatz liefen.

Pedro fiel sofort das zusammengewickelte Bettlaken unter Max' Arm auf.

„Was ist das?"

„Training!", antwortete Max, lief geradewegs vor das erste Tor, entrollte dort das Laken und befestigte es an der Querlatte mit einem Klebeband. Auf dem Bettlaken war wie ein Schachbrett das gesamte Alphabet gemalt.

„Und nun?", fragte Pedro, der daraus immer noch nicht schlau wurde.

„Zielschießen!", erklärte Max. „Ich schieß jetzt meinen Namen: M-A-X. M voll in die Mitte, A links oben, X rechts unten."

„Super!", lobte Pedro.

Das Buchstaben-Tuch war bestimmt ganz nach Tattys Geschmack. Regelmäßig ermutigte er sie dazu, phantasievolle Lösungen zu finden und kreativ zu sein: im Training und im Spiel.

„M!“, rief Max, schoss – und traf.

„Ich will auch!“, forderte Pedro.

„Ja!“, antwortete Max. „Wenn ich verschossen habe! Jetzt kommt A!“

Wieder nahm er Anlauf, schoss und …

„Das war C!“, sagte Pedro. „Ich bin dran.“

„Mist!“, ärgerte sich Max.

Pedro schaffte es bis zum ‚D‘ von Pedro, als Dimitri und Mehmet schließlich eintrudelten und sofort beim Zielschießen mitmachten. Mal aus dem Stand, mal aus dem Lauf, mal im Doppelpass.

Pedro und den anderen gefiel diese neue Herausforderung. Sie machte ungeheuren Spaß. Bis Zachi aufs Feld kam.

„Schagt mal, schpinnt ihr? Hängt dasch schofort woandersch hin!“, schimpfte er so laut, dass es ein Wunder war, dass seine Zahnspange nicht in tausend Teile zersprang. Alle wussten: Max hatte das Laken mit den Buchstaben vor Zachis Lieblingstor gehängt. Zachi riss das Laken herunter und drückte es Max in die Hand: „Auf die andere Scheite damit!“

Max nahm das Bettlaken und hängte es wortlos in das andere Tor.

Pedro blieb bei Zachi, um ihm ein paar Schüsse aufs Tor zu ballern. Max, Dimitri und Mehmet setzten gegenüber das Zielschießen fort. Die anderen Haie, die nach und nach eintrafen, teilten sich gleichmäßig auf beide Seiten auf.

Als ihr Trainer Tatty kam, waren – natürlich wieder bis auf Uhuru – alle Haie versammelt.

Aber nicht nur die. Auch ein Knödel war da: Porky, Ulfs Schatten. Schwabbel-Knödel, wie Pedro ihn im Stillen nannte. Er stand mit verschränkten Armen an einer der Treppen und glotzte. Es war unverkennbar: Die Knödel hatten mal wieder einen Spion geschickt.

Tatty hatte gerade alle begrüßt, als Uhuru angerast kam. Er schloss sein Rad ans Zaungitter, drängelte sich an Porkys dickem Bauch vorbei und rannte auf den Platz. Uhuru biss sich auf die Lippen und grüßte Tatty mit einem Nicken. Niemand sagte etwas, denn alle kannten Uhurus Sonderaufgabe: pünktlich sein. Auch Tatty ließ es dabei bewenden und begann mit den Trainingsanweisungen.

Sie brauchten viel Power für die vielen Wege, die sie zu laufen hatten, und ein schnelles Reaktionsvermögen, damit sie Tattys Strategien umsetzen konnten. Wenn auch nicht alles im abschließenden Spiel glatt lief, spürte jeder doch sofort, dass ihr Kurzpass-Spiel nun noch besser geworden war.

Beim Stand von 9:9 pfiff Tatty ab. Die Trainingsstunde war vorbei.

Viel zu schnell, fanden die Haie. Und bestimmt war noch keine Stunde um.

Tatty zeigte ihnen die Stoppuhr: 62 Minuten hatten sie gespielt, also eine Stunde und zwei Minuten.

„Entwickelt euer Spiel mehr aus der Situation heraus und versucht, kreativ zu sein!“, gab Tatty den Haien mit auf den Weg und winkte zum Abschied. „Bis Montag dann!“

Tatty wollte ein paar Tage raus aus der Stadt. „Mal wieder ein bisschen Sand unter den Füßen spüren“, wie er sagte.

„Bis Montag!“, riefen ihm die Jungs hinterher. Kurz nach Tatty verließ auch Porky seinen Posten an der Treppe.

„Kommt, Leute! Bis zum zehnten Tor spielen wir noch!“, rief Uhuru und klatschte in die Hände. Der nächste Treffer entschied über den Sieger.

Tim und Tom spielten diesmal gegeneinander. Sie klebten wie siamesische Zwillinge aneinander und deckten sich gegenseitig. Dachte zumindest Tom.

Doch mit einem überraschenden Antritt löste sich Tim blitzartig von ihm, bekam einen Pass von Diego, spielte direkt und präzise zwischen Pedro und Juan hindurch zu Uhuru weiter, der keine Mühe mehr hatte, gegen Zachi sicher zu verwandeln.

„Schlafmütsche!", schimpfte Zachi mit Tom.

Tims Mannschaft jubelte. Allen voran Uhuru, der das Siegtor geschossen hatte.

„Okay, Schluss für heute!", rief Pedro.

Alle versammelten sich und verließen gemeinsam den Platz. Pedro trug den Ball unterm Arm, den er aber sofort fallen ließ, kaum dass sie sich der Straße näherten.

„Haaaalt!", schrie Pedro. Und raste los.

Ein Junge lief über die Straße, während ein Wagen von hinten aus einer Parklücke direkt auf ihn zu fuhr. Sah der Fahrer ihn nicht?

„STOOOOOPP!" Pedro donnerte mit der Faust auf den Kofferraum des Wagens.

Der Wagen bremste abrupt ab, nur eine Handbreit vom Jungen entfernt, der immer noch nicht reagierte.

„Hallooo?“, brüllte Pedro dem Jungen zu, packte ihn von hinten an der Schulter und hob einen seiner dicken Kopfhörer an. „Sag mal, tickst du nicht richtig? Der Wagen hier hätte dich fast umgemäht!“

Aus dem Wagen stieg eine Frau. Ihr Gesicht war kreideweiß vor Schreck. „Das kommt davon, wenn man Musik hört, statt auf den Verkehr zu achten!“, schimpfte sie.

„Das ist doch keine Spielstraße hier!“ Zornesröte löste das bleiche Weiß in ihrem Gesicht ab. „Wird Zeit, dass sich hier etwas ändert. Dann war es das mit Fußball und Herumlungern.“

Sie wollte gerade wieder in ihren Wagen einsteigen.

„Moment mal!“, rief Pedro.

„Wovon reden Sie? Was meinen Sie mit ändern? Was ändert sich hier?“

„Na, ihr seht doch selbst, dass es hier viel zu wenig Fläche für die Autos der Anwohner gibt. Hier entsteht ein großer Parkplatz. Dann ist endlich Schluss mit dem ewigen Suchen!“ Die Frau lächelte eisig, stieg wieder in ihr Auto und fuhr los.

Pedro blieb stehen und glotzte ihr hinterher.

„Okay, ich glaub, du hast was gut bei mir, oder?“, fragte der Junge und klopfte Pedro dankend auf die Schulter.

Pedro reagierte nicht. Er stand nur stumm da.

Das Wort sickerte in sein Gehirn: PARKPLATZ.

Kapitel 2

PARKPLATZ STATT BOLZPLATZ?

Als die anderen Haie eingetroffen waren, wiederholte Pedro noch einmal für alle, was die Frau im Auto gesagt hatte.

„Alter, was erzählst du da?“, Mehmet stand mit offenem Mund vor ihm. „Das wüsste mein Vater aber, der kriegt alles mit, was hier abläuft!“

„Du hast bestimmt was falsch verstanden!“, vermutete Uhuru.

„Ihr glaubt mir nicht?!“ Pedro war fassungslos. Zum Glück war der Junge von vorhin bei ihm geblieben.

„Du hast doch genau neben mir gestanden!“, sagte Pedro zu ihm. „Los, sag schon, was die Alte gesagt hat.“

„Dass ich auf der Straße keine Musik hören soll?“, fragte der Junge unsicher nach.

Pedro verdrehte die Augen. „Quatsch! Das andere: Dass hier ein Parkplatz gebaut werden soll. Hier auf unserem Sparri! Das stimmt doch, oder?“

Der Junge nickte zaghaft. „Ja, so etwas in der Art hat sie gesagt.“

„Seht ihr, ihr könnt mir glauben!“, wandte sich Pedro wieder an seine Haie.

Diego putzte seine Brillengläser, und Mehmet rieb sich seine Narbe an der Wange.

Max ruckelte sein Käppi zurecht.

Alle waren sprachlos.

Außer Zachi. Beherzt ging er einen Schritt auf den Jungen zu.

„Ich bin Tschachi“, stellte er sich vor. „Und dasch hier schind Max, Dimitri, Mehmet, Tim und Tom, Uhuru, Juan, Diego und Pedro. Und wie heischt du?“

„Mann, Zachi, für so was ist jetzt keine Zeit! Wir müssen rauskriegen, was an der Sache dran ist!“, ging Max dazwischen.

Doch Zachi zeigte mit einer Handbewegung, dass er ihn machen lassen sollte. Max seufzte.

„Schag schon“, forderte Zachi.

„Bobby“, antwortete der Junge und strich sich über den kurzgeschorenen Kopf.

„Wir sollten die Konfettis fragen, was hier los ist!“, schlug Max vor. „Die müssen das doch wissen! Bobby, kommst du mit als Zeuge?“

„Klar!“, antwortete Bobby.

Obwohl die anderen ihn nicht kannten, schien er hier im Stadtteil zu wohnen. Immerhin wusste er, wer die Konfettis waren.

Die Sozialarbeiter von der Konflikt-Agentur, die sie wegen ihrer vielen Straßenfeste nur die ‚Konfettis‘ nannten, hatten ihr Büro direkt an der Sparrstraße, und die wussten meistens über alles gut Bescheid.

Alle marschierten über die Straße, um nachzufragen, welche Pläne hier am Sparri hinter ihrem Rücken geschmiedet wurden.

Doch am Eingang wurden sie enttäuscht.

„Wegen Fortbildung bis Samstag geschlossen!“, stand dort.

„Na super!“, sagte Pedro. „Bis Montag können wir nicht warten!“

„Ab zu meinem Vater!“ Alle folgten Mehmet zum ‚Dönerhimmel‘, dem Imbiss seines Vaters. Mehmets Vater wusste in der Regel mindestens so gut Bescheid wie die Sozialarbeiter.

Wie immer begrüßte Mehmets Vater die Haie freundlich und mit seiner Standardfrage: „Jeder eine Apfelschorle?“

Die Haie verzogen die Gesichter. Die Apfelschorle tropfte den meisten schon aus den Ohren raus.

„Nö, lieber mal was anderes!“, sagte Diego. „Eistee vielleicht?“

Nur Bobby freute sich auf eine Apfelschorle.

„Wenigstens einer, der Ahnung von Sportgetränken hat!“, freute sich Mehmets Vater, bevor er den Haien erzählte, was er wusste: „Die wollen da ein paar Dachböden zu neuen Wohnungen ausbauen. Dahinter werden zwei Baulücken bebaut, aber von einer Parkplatzfläche im Sparrpark weiß ich nichts!“

„Seht ihr!“, sagte Mehmet erleichtert. „Fehlalarm, hab ich doch gleich gesagt!“

„Das muss nichts heißen, ich bin ja kein Alleswisser!“, schränkte sein Vater ein und servierte die Runde Getränke.

„Bobby und ich haben das eindeutig richtig verstanden: Die machen unseren Sparri zum Parkplatz, Leute!“, verkündete Pedro.

In dem Moment betraten Ulf und Porky den ‚Dönerhimmel‘.

„Hallo“, begrüßte Mehmets Vater die beiden kurz angebunden. Er sah die Knödel ungern in seinem Laden. Jedes Mal verbreiteten sie miese Stimmung. „Bitte?"

„Eine große Portion Pommes mit doppelter Portion Mayo", bestellte Porky.

„Und du?", fragte Mehmets Vater Ulf.

„Wir teilen uns die", antwortete Ulf und grinste.

Porky sah ihn verärgert an.

Ulf wandte sich zu den Haien, die die beiden mit finsteren Mienen empfingen.

„Was höre ich da? Ihr glaubt, ihr könnt jetzt regelmäßig auf dem Sparri trainieren? Mit einem echten Trainer? Da habt ihr euch aber geschnitten! Der Sparri ist doch kein Vereinsplatz!", sagte Ulf und setzte sich.

Max sprang von seinem Stuhl auf, stellte sich direkt vor Ulf und rückte sein Käppi aus dem Gesicht. „Ob du willst oder nicht: Wir trainieren da, solange es noch geht!"

„Bald spielt da nämlich niemand mehr! Ihr nicht und wir nicht!", sagte Uhuru.

„Schlusch! Ausch!“, fügte Zachi hinzu.

„Lauter Verrückte!“, kommentierte Ulf und machte eine Scheibenwischer-Bewegung vor seinem Gesicht.

Das werden wir ja sehen, dachte Pedro.

Die Fußball-Haie hatten nur durch puren Zufall erfahren, welche großen Veränderungen drohten. So sehr Pedro auch hoffte, dass sich alles als ein dummer Scherz entpuppte, so sehr befürchtete er, dass es diesmal ums Eingemachte ging.

Was wusste die Frau im Auto? Und woher? Pedro erinnerte sich an das Firmenlogo auf dem Wagen.

„Die Frau war von Heidis Hundesalon“, tuschelte er den anderen Haien zu, die an ihrem Tisch die Köpfe zusammensteckten. „Was meint ihr? Von ihr erfahren wir vielleicht mehr!“

„Der Laden liegt direkt am Savigny!“, glaubte Dimitri zu wissen und schaute Uhuru an. Beide

hatten anfangs auf dem Savignyplatz gespielt, bevor sie sich für die Haie entschieden hatten.

„Stimmt! In der Carmerstraße", bestätigte der und stieß Dimitri an. „Los, wir beide fahren hin!"

Dimitri war sofort einverstanden. Die anderen auch.

„Wir rufen dann hier an, okay?" Dimitri wedelte mit seinem Handy. Dann machten sie sich auf den Weg.

Ulf und Porky schauten den beiden kauend nach. Dann dämmerte Ulf, dass hier wohl irgendetwas im Gange war, wovon er nichts wusste. Er erhob sich von seinem Platz und ging rüber zum Tisch der Haie.

„Kann mir mal jemand verraten, was hier los ist?", fragte er mit vollem Mund. Ein bisschen Mayonnaise klebte an seiner Nase.

„Wieso? Du weißt doch sonst immer alles besser!", antwortete Max und wandte sich von ihm ab.

Pedro zupfte Max am Shirt. Es ging um den Sparri, den alle verlieren würden, wenn die Frau recht hatte. Bei allem Streit mussten sie jetzt zusammenhalten.

„Je eher die Knödel auch Bescheid wissen, desto besser!“, flüsterte er Max zu.

Max zog sein Käppi tief ins Gesicht.

Pedro richtete sich auf und erzählte Ulf, was sie erfahren hatten. Auch Porky am benachbarten Tisch spitzte die Ohren.

Ulf reagierte genauso, wie die Haie zunächst reagiert hatten.

„Das glaub ich nicht!“, rief er. Aber sein Gesicht verriet, dass er es eben doch glaubte. Mit der flachen Hand schlug er auf den Tisch.

Zachi musste seine Limonade festhalten.

„Ich ruf Paolo an, der hätte uns doch informiert!“, verkündete Ulf. „Der weiß von so was doch immer als Erster!“

Zum Telefonieren ging Ulf vor die Tür.

„Scho ein Wichtigtuer!“, zischte Zachi.

Wie sie durch die Glasscheibe sehen konnten, führte Ulf mehrere Gespräche hintereinander. Dann kam er wieder in den Laden.

Ein bisschen wie ein alter Westernheld, fand Pedro. Breitbeinig, als ob er gerade einen Saloon betrat.

„Keiner weiß was von einem Parkplatz!“, rief Ulf durch den Laden. „Das ist totaler Blödsinn, den ihr da erzählt!“

Porky grinste erleichtert und stopfte sich die letzten Pommes in den Mund. Dann stand er auf und verließ mit Ulf den ‚Dönerhimmel‘.

Bei Mehmet keimte wieder ein Fünkchen Hoffnung auf. „Vielleicht wollte die Alte uns nur einen Schreck einjagen!“

Wegen des Ausdrucks ‚Alte‘ warf sein Vater ihm einen missbilligenden Blick zu.

„Schön wär's“, murmelte Pedro. Aber für einen Moment zweifelte er auch.

Hatte die Frau in ihrer Wut wirklich ein Geheimnis ausgeplaudert oder einfach nur Unsinn geredet? Pedro sah rüber zu Bobby.

Bobby ahnte, was Pedro dachte. Auch er war sich unsicher.

Es dauerte geschlagene vierzig Minuten, bis Dimitri sich endlich meldete. Er rief aber nicht wie versprochen an, sondern kam gemeinsam mit Uhuru direkt zurück in den ‚Dönerhimmel'.

„Manno!", empfing Pedro ihn ungeduldig. „Wieso habt ihr euch nicht gemeldet? Was war los? Habt ihr die Frau getroffen?"

Dimitri nickte.

„Sie sagt nichts!", berichtete Uhuru. „Aber sie weiß was, das hat sie zugegeben!"

Obwohl die beiden ihr die Bedeutung des Sparris für die Haie nochmals genau erklärt hatten, schwieg sie beharrlich. Uhuru hatte ihr immerhin einen Hinweis abringen können, wo sie etwas Näheres erfahren könnten.

„Das ist der Zuständige beim Amt“, erzählte er jetzt. Er zeigte den Jungs einen kleinen Zettel, auf dem ein Name und eine Telefonnummer standen.

Mehmets Vater warf ebenfalls einen Blick darauf und schaute dann auf seine Uhr. „Um diese Zeit jemanden in der Behörde zu erreichen, könnt ihr vergessen, Jungs! Aber morgen kann ich für euch anrufen, wenn ihr wollt!“

Und ob die Haie das wollten! Aber leider hieß das: weiter warten!

Kapitel 3

SCHRECKLICHE PLÄNE

Kurz nach dem Wecker dröhnten am nächsten Morgen laute Motorengeräusche aus dem Park in Pedros Zimmer: mal dumpf, mal hell und schrill. Leider konnte er von seinem Fenster aus nicht auf den Sparri blicken. In Windeseile schoss er aus dem Bett, zog sich an, schnappte sich die Schultasche und raste hinunter zum Park.

Zwei Männer in orangefarbenen Arbeitsanzügen fällten dort gerade einige kleinere Bäume und Sträucher im hinteren Bereich der Grünanlage. Pedro sprintete zu ihnen.

„Hallo! Haaalloooo!“

Die Männer trugen Schallschutzdämpfer und hörten ihn nicht. Pedro wedelte wild mit den Armen, rannte direkt auf die Männer zu und zerrte einen sogar am Ärmel.

„Voooorsicht! Aaachtung!“, schrie der Mann ihn an und schubste ihn so rüde beiseite, dass Pedro rücklings auf seine Schultasche fiel. Für einen Moment streckte er wie ein hilfloser Käfer Arme und Beine von sich.

Der Mann stellte die Motorsäge aus und legte sie beiseite. Dann klappte er das Visier des Helms hoch und zog Pedro mit einer Hand nach oben.

„Mensch, du kannst mir doch nicht einfach in die Säge laufen! Das Ding ist gefährlich!“, schimpfte er.

„Tschuldigung“, sagte Pedro. „Ich wollte nur wissen: Was bedeuten die Klebebänder an den Bäumen. Und wieso sind an diesen Bäumen keine Bänder, aber an denen dort hinten?“

PORTS

„Die hier stutzen wir zurecht. Die am Platz vorne hat unser Chef markiert, damit wir nicht versehentlich die Falschen fällen“, sagte der Mann und kehrte das Grünzeug zusammen.

„Fällen?“, wiederholte Pedro mit weit aufgerissenen Augen. „Dann stimmt es also, dass hier Parkplätze gebaut werden?“

Die beiden Arbeiter zuckten mit den Schultern. „Die Pläne kennen wir nicht. Wir sind nur für die Bäume zuständig.“

* * *

Für den Nachmittag hatten sich die Haie am Sparri verabredet – mit den Knödeln.

Pünktlich um drei waren alle da. Sogar Uhuru. Die Zukunft des Sparri war eben zu wichtig.

„Dann lasst mal hören!“, eröffnete Ulf gleich die Runde.

Als Erstes berichtete Mehmet, welche Auskunft sein Vater vom zuständigen Amt bekommen hatte: „Man ist noch in der Planungsphase. Einige Genehmigungen fehlen noch."

„Na also, noch keine Genehmigung!", winkte Ulf lässig ab.

„Aber sie bereiten doch schon alles vor!", widersprach Uhuru.

Zachi stimmte ihm zu. „Dasch ischt kein Schpasch, die machen Ernscht!"

„Hä? Was sagt er?", fragte Porky.

„Die nehmen uns den Platz weg!", erklärte Pedro. Er erinnerte sich an die Gruppe, die er kürzlich im Park gesehen hatte. Die Leute mit dem Stadtplan waren gar keine Touristen! Die haben über die Parkplätze beraten!

„Die messen schon aus, machen ihre Pläne, und die ersten Arbeiter sind auch schon da. Dann dauert es nicht mehr lange, und es geht los, sagt mein Vater. Natürlich wird am Anfang nur geplant, aber dann geht es ratzfatz", erläuterte Mehmet.

„Ich fasse es nicht!“, rief Tim in die Runde. „Die machen hier alles platt!“

„Auf einem Parkplatz können wir doch nicht Fußball spielen!“, ergänzte Tom.

„Wir müschen schofort wasch tun, schofort!“, rief Zachi und ballte die Faust, als hätte er gerade einen Elfmeter gehalten.

„Zachi hat recht. Nach den Baumfällern kommen Bagger, und das war’s dann!“, fasste Dimitri die Lage zusammen. „Wir müssen vorher etwas tun.“

„Was denn?“, fragte Porky. Hoffnungsvoll sah er zu Ulf, aber dem fiel auch nichts ein.

Ohne den Sparri würde sich alles verändern. Er war nicht nur für Pedro so etwas wie sein zweites Zuhause. Hier traf er immer einen Freund, und oft kehrte er erst spät abends nach Hause zurück.

„Wir müssen das den Nachbarn hier weitersagen, wir müssen alle warnen!“, schlug

Max vor. „Ich meine, noch weiß doch niemand etwas von den Plänen. Nicht mal Mehmets Vater!“

„Genau!“, pflichtete Zachi ihm bei und grinste. „Wir könnten doch Plakate baschteln. Scho wie damalsch bei unscherem groschen Schpiel!“ Er erinnerte sich gern an den Überraschungssieg gegen die Knödel.

„Gute Idee!“, lobte Pedro. „Mehmet, deine Schwester macht uns bestimmt wieder welche am Computer, oder?“

Mehmet nickte. „Klar!“

„Wir können auch Zettel verteilen!“, schlug Porky vor. Er verteilte oft Werbezettel für einen Supermarkt. Da konnten sie doch auch mal Werbezettel für den Sparri verteilen.

Alle klatschten Beifall. Porky lachte stolz, weil er auch mal eine tolle Idee hatte. Das war ihm bei den Knödeln noch nie passiert.

„Für so was braucht man unbedingt die

Medien!“, verkündete Ulf mit wichtiger Miene und baute sich vor allen auf. Das mit den Medien hatte er schon öfter im Fernsehen gehört. „Und für die Medien ist das Wichtigste: bekannte Gesichter.“

„Deines etwa?“, fragte Porky.

Alle lachten. Nur Ulf nicht.

„Herthino!“, rief Zachi grinsend und erntete ebenfalls prustendes Gelächter.

Die Idee sah Zachi ähnlich: der dicke Plüschbär, das Maskottchen von Hertha BSC, auf ihrem Sparri?

Warum eigentlich nicht?, dachte Pedro bei sich.

„Da braucht es schon mehr, als so ein blödes Bärenkostüm!“, kommentierte Ulf abfällig Zachis Vorschlag. Er schien immer noch sauer, dass alle über seine Idee gelacht hatten. „Für so was braucht man richtige Promis. Die Medien berichten dann darüber, dass die Promis uns

unterstützen und die Parkplätze auch blöd finden!"

„Na super, und du kannst die Promis auftreiben, ja?", fragte Pedro. Er ärgerte sich, dass Ulf die tollen Vorschläge der anderen so schlechtredete.

„Lass mich mal machen, ich hab da so meine Kontakte!", verkündete Ulf großspurig.

Pedro wusste zwar, dass Ulf einen Onkel hatte, der beim Fernsehen arbeitete. Aber er wusste nicht, als was. Vielleicht putzte der dort auch nur die Fenster.

Ulf jedenfalls spielte weiter den Wichtigen und stolzierte vom Platz, als ob von ihm allein nun die Rettung des Sparri abhing.

„Angeber!", fauchte Zachi leise.

„Aber Ulf hat recht", sagte Diego. „Wir brauchen so viel Aufmerksamkeit wie möglich! Ich glaub bloß nicht, dass Ulf das schafft. Wir brauchen einen eigenen Plan!"

„Wir bleiben bei den Plakaten und den Zetteln“, schlug Pedro vor. „Das waren doch tolle Vorschläge!“

„Und wasch schreiben wir drauf?“, fragte Zachi.

„Wir laden zu einem Treffen ein!“, schlug Uhuru vor. „Zu einer Protestversammlung!“

„Gute Idee!“, fand Diego. „Wann?“

„Am kommenden Sonntagnachmittag, was meint ihr?“, sagte Tim.

„Das könnt ihr vergessen, Leute“, rief Max in die Runde. „Da spielt Deutschland gegen Tunesien! Die sitzen doch alle im Stadion oder vor der Glotze! Ich auch!“

„Na und? Das Spiel wird um 16:30 Uhr angepfiffen, Schluss ist also um 18:15 Uhr. Dann starten wir eben um 18:30 Uhr“, rechnete Mehmet den anderen vor. „Ich frag meinen Vater, ob er Falafel macht!“

„Aber ohne Apfelschorle!“, sagte Zachi.

„Super!“, kommentierte Pedro. „Aber wir brauchen noch jemanden, der wirklich was zu melden hat!“

„Den Bürgermeischter!“, schlug Zachi vor und lachte, als hätte er gerade einen tollen Witz gemacht.

Doch niemand lachte mit. Alle starrten ihn nur an.

Pedro hauchte: „Den Bürgermeister. Genau! Das wär's!“

„Heißt der nicht Wowi?“, fragte Diego.

„Ja, so ähnlich!“, stimmte Uhuru zu.

„Egal, wie der heißt“, fand Mehmet. „Auf jeden Fall kennt den jeder, und sein Wort zählt was!“

„Und er ist ein Riesen-Fußballfan!“, glaubte Pedro zu wissen. „Versuchen können wir es ja!“

Die Haie waren nun nicht mehr zu halten.

Wenig später saßen sie dichtgedrängt bei Laura, Mehmets Schwester. Sie kannte sich nicht nur mit Computergrafik aus, sondern hatte auch eine besondere Gabe für wichtige Briefe. Sie war sofort bereit, den Haien zu helfen. Während sie die E-Mail schrieb, las sie laut vor:

Sehr geehrter Herr Bürgermeister!
Sie sind großer Fußballfan! Wir auch.
Wir sind die Fußball-Haie und wollen später mal in der Bundesliga spielen.
Bitte retten Sie unseren Sparri!
Unser Bolzplatz soll für Parkplätze plattgemacht werden!
Was ist dran an den Gerüchten?
Die Fußball-Haie ohne den Sparrplatz, das ist wie Berlin ohne …"

Laura unterbrach das Tippen und überlegte.

„Wie Berlin ohne Currywurscht!", rief Zachi dazwischen.

„Genau!", bestätigte Max und streckte die Faust in die Luft.

Laura wiederholte:

„... wie Berlin ohne Currywurst.
Bitte tun Sie alles in Ihrer Macht Stehende,
um die Zerstörungspläne zu verhindern!
Vielen Dank für Ihre Hilfe,
die Fußball-Haie"

Darunter schrieb sie alle Namen.

„Das dauert doch ewig, bis die antworten!", sagte Uhuru, nachdem auch nach zehn Minuten noch keine Antwort eingegangen war. „Wir müssen direkt zum ... na, da wo der Wowi sitzt."

„Im Rathaus!", erklärte Laura. „Und der heißt Wowereit!"

„Wer?"

„Der Wowi!", sagte Laura lachend.

„Okay, wer kommt mit?", fragte Uhuru.

„Alle natürlich!", rief Pedro.

„Und die Plakate und Zettel? Soll ich die etwa alleine machen?", fragte Laura.

Tom und Max erklärten sich bereit zu bleiben.

Alle anderen liefen los.

Kapitel 4

EIN ZWISCHENFALL

Am Rathaus angekommen, stoppte sie ein großes Schild an der Eingangspforte:

Heute bleibt das Rathaus ab 15:00 Uhr für Publikumsverkehr geschlossen!

„Ausgerechnet heute“, seufzte Pedro.

„Der ganze Weg umsonst!“, maulte Mehmet.

Alle ließen die Köpfe hängen.

Bis auf Zachi, der plötzlich aufgeregt umherhüpfte und jeden antippte.

„Ey! Schaut mal! Ich glaub esch nich!“ Immer wieder zeigte er auf einen äußerst sportlichen Mann, der geradewegs zur Eingangstür eilte.

„Dasch ischt Sch… sch… Schami“, stotterte Zachi.

Auch die anderen erkannten den Mann sofort.

Da ging tatsächlich gerade Sami Allagui, der Stürmerstar von Hertha BSC.

Der Fußballprofi blieb stehen und schaute auf die Haie, vor allem auf Max mit dem Ball in der Hand.

Ein Lächeln huschte über Samis Gesicht: „Wollt ihr hier kicken?“, fragte er grinsend.

Pedro fasste sich als Erster ein Herz: „Wir müssen zum Bürgermeister. Er soll uns helfen, unseren Bolzplatz zu retten!“

„Aber wir kommen nich rein!“, ergänzte Zachi und zeigte auf das Schild.

„Klar“, erläuterte Sami. „Denn der Bürgermeister empfängt gerade den tunesischen Botschafter vor dem Länderspiel am Sonntag. Deshalb muss ich da jetzt auch rein. Bin schon zu spät!“

„Sie treffen den Bürgermeister? Geben Sie ihm den von uns?“, fragte Pedro und streckte Sami den Brief entgegen. „Es ist wirklich super wichtig für uns!“

Sami Allagui betrachtete den Brief.

„Okay, wird erledigt“, versprach er. „Aber nur, wenn ihr mir die Daumen drückt für das Spiel am Sonntag, okay?“

„Das geht nicht!“, rief Tim. Sami spielte für Tunesien, aber er war für Deutschland.

„Okay, ich mach's!“, sagte Uhuru zu. Er war für Ghana, und die spielten gar nicht.

Auch dem Argentinier Diego und dem Griechen Dimitri machte es nichts aus, Tunesien die Daumen zu drücken. Bobby und Juan waren für Deutschland – wenn die nicht gerade gegen England oder Spanien spielten. Mehmet ging es ähnlich mit der Türkei.

„Ihr seid ja eine echte Weltauswahl!“, sagte Sami lachend.

Pedro nickte stolz. Endlich hatte das mal einer begriffen!

„Also, war nett euch kennenzulernen!“, sagte Sami, wedelte mit dem Brief und versicherte noch mal: „Ich geb ihm den!“

„Danke!“, riefen die Haie.

* * *

Zufrieden fuhren die Haie zurück nach Wedding, ihren Stadtteil. Als sie nach einer halben Stunde endlich wieder am Sparri ankamen, sahen sie schon von weitem einen kleinen Pulk von Leuten auf dem Platz.

Irgendwie gab's da gerade Ärger. Das war sofort zu erkennen.

Und mittendrin Tom. Ein Erwachsener hatte ihn gerade am Kragen gepackt und schüttelte ihn durch.

Als Tim das sah, raste er sofort los.

Noch ehe er dort ankam, um seinem Bruder zu

helfen, waren auch schon Porky und Ulf zur Stelle und versuchten, den Mann von Tom wegzuzerren.

Am Rand des Parks hielt gerade ein Streifenwagen der Polizei halb auf dem Gehweg.

„Lassen Sie mich los, ich hab nichts getan!", schrie Tom.

Nun stürzte sich auch noch Tim auf den Mann.

„Finger weg von meinem Bruder! Sofort!", rief er und boxte dem Mann auf den Arm.

Doch dann waren endlich zwei Polizisten zur Stelle, die die Rangelnden voneinander trennten.

„Was ist denn hier los?", schimpfte der eine Polizist.

„Die kleben hier einfach alles voll!", ereiferte sich der erwachsene Mann und hielt den Beamten ein abgerissenes Plakat entgegen, auf dem stand:

Parkplatz statt Park?
NIEMALS!

PARKPLATZ STATT
PARK? -NIEMALS!
Die Fußball-Haie wollen
das verhindern. Helfen
Sie mit, den Park und
den Sparri zu retten!
Kommen Sie am Sonntag
um 18:30 zum Protest-
treffen auf den Platz!

Die Fußball-Haie wollen das verhindern.
Helfen Sie mit, den Park und den Sparri zu retten!
Kommen Sie am Sonntag um 18:30 Uhr zum Protesttreffen hier auf den Platz!

Darunter waren ein durchgestrichener Fußball und ein Auto gezeichnet.

„Super gemacht!", flüsterte Pedro Tom zu, der gemeinsam mit Max begonnen hatte, die Plakate aufzuhängen.

„Parkplätze sind dringend nötig! Irgendwo müssen die vielen Autos ja hin!", rechtfertigte sich der Mann. „Außerdem ist das hier Sachbeschädigung!"

„Sachbeschädigung?", fragte Mehmet. „Die Bäume sollen doch gefällt werden. Dann sind sie wohl erst recht beschädigt!"

Die Haie klatschten Beifall. Sogar Porky und Ulf klatschten mit.

„Ihr bekommt bestimmt einen Ersatz!“, sagte der Mann.

„Ach ja?“, fragte Ulf. „Sie kennen die Pläne? Wo kommt er denn hin, unser Ersatz?“

Wieder Beifall von den Jungs.

Stolz streckte Ulf seine Brust raus.

Der Mann stotterte daraufhin nur unverständliches Zeug. Er kannte die Pläne also auch nicht.

„Wissen Sie denn auch nichts Genaues?“, fragte Pedro die Polizisten.

Die sahen sich nur fragend an. Und zuckten mit den Schultern.

„Wir schlagen vor, ihr nehmt die Dinger wieder ab. Das war’s dann“, sagte der eine der Polizisten und ging mit seinem Kollegen zurück zum Streifenwagen.

„Aber wir müssen das doch bekannt machen!“, rief Tom ihnen enttäuscht hinterher.

„Hängt sie doch in die Laden-Schaufenster!“,

riet ihnen der Polizist. „Die Besitzer haben bestimmt nichts dagegen!“

„Welche Läden denn?“, fragte Zachi und sah sich um.

Rund um den Sparri gab es keine Geschäfte. Nur die Konfettis, das Fitnessstudio und ein kleines Bistro. Alle anderen Läden befanden sich in den Neben- oder Parallelstraßen.

„Wer hat denn für Sonntag schon zugesagt?“, fragte Pedro.

„Nur Herr Putzer mit seiner Skatrunde. Er bringt auch seine beiden Söhne und fünf Enkel mit!“, berichtete Max. „Aber sonst Fehlanzeige.“

Das war in der Tat wenig.

Hoffnungsvoll wandte er sich an Ulf. „Und deine Promis?“

„Mindestens zwei Top-Promis sind jetzt schon sicher!“, verkündete Ulf. „Und drei Tage haben wir ja noch. Mal abwarten, wen wir noch auftreiben können.“

Pedro staunte, dass Ulfs Gerede nicht nur Angeberei war.

„Wirklich?“, fragte Mehmet anerkennend. „Welche Promis kommen denn?“

„Das bleibt bis Sonntag unsere Geheimsache!“, antwortete Ulf.

„Warum das denn?“, wunderte sich Diego. „Wenn die Namen der Promis vorher schon bekannt sind, dann kommen doch alle ihre Fans!“

Ulf grinste breit und schwieg.

„Oder haben eure Promis gar keine Fans?“, hakte Max nach.

„Lass uns mal machen!“, sagte Ulf nur und verließ den Platz Richtung Fitnessstudio.

„Schpinner!“, zischte Zachi vor sich hin.

„Immerhin haben wir selbst einen Promi getroffen!“, erinnerte Diego an die Begegnung mit Sami Allagui. Aufgeregt berichteten sie nun Tom und Max davon.

* * *

In den folgenden Tagen teilten die Fußball-Haie die Aufgaben untereinander auf: Pedro, Mehmet, Dimitri und Uhuru sprachen mit allen Ladenbesitzern in der Nähe des Parks. Die meisten klebten ihr Flugblatt ans Schaufenster.

Diego, Juan, Tim und Tom hinterlegten stapelweise Flugblätter in den Schulbüros.

Max, Zachi und Bobby kümmerten sich um das Programm und die nötige Ausrüstung, wie Tische und Bänke. Diesmal mussten sie ohne die Unterstützung der Konfettis auskommen, was die Vorbereitungen entsprechend erschwerte.

Und es musste auch noch die Frage geklärt werden, was sie am Sonntag überhaupt machen wollten.

„Das Wichtigste ist eine Rede“, sagte Max, als sich die Haie am Samstag im ‚Dönerhimmel‘ trafen. „Ich finde, Pedro muss das machen!“

„Ich? Äh, wieso? … Ich kann doch gar nicht …“, stammelte Pedro.

„Das schaffst du schon, okay? Ist doch ganz einfach!“, sagte Bobby.

„Ganz einfach? Dann mach du das doch!“, konterte Pedro.

Bobby schmunzelte. „Meinst du?“

„Klar, warum denn nicht?“

„Okay. Ich hab mir da mal was überlegt“, überraschte Bobby die anderen und zog einen Zettel aus der Hosentasche. Er räusperte sich und begann vorzulesen. Alle lauschten gespannt. Bobby trug klar und gut verständlich vor, worum es ging. Alle klatschten, als er den Sparri „das Herz der Fußball-Haie“ nannte und als er gegen Ende die Zuständigen aufforderte: „Bitte stoppen Sie die Pläne!“

„Alter, das hast du geschrieben?“, fragte Mehmet und kniff Bobby in den Oberarm.

„Schuper!“, lobte auch Zachi.

„Du machst das also für uns?“, fragte Pedro.

„Okay, aber ich bin doch noch gar keiner von euch“, erklärte Bobby. „Ich konnte noch gar nicht zeigen, was ich am Ball drauf habe.“

Er hatte recht. Seit der Nachricht wegen der geplanten Parkplatzfläche waren ihre Trainingsspiele komplett ausgefallen.

„Ich bin auf jeden Fall dafür, dass du zu uns gehörst, und ihr?“, fragte Max.

Pedro legte seinen Arm um Bobbys Schulter. „Ohne dich wüssten wir bis heute nichts von den Parkplätzen!“

„Ich bin auch dafür!“, sagte Uhuru und legte seinen Arm um Bobbys andere Schulter. „Wer noch?“

Alle hoben ihre Hände.

Damit war ein neuer Hai zu ihrer Mannschaft dazugekommen.

VK

Kapitel 5

DIE PROTEST-PARTY

Der Countdown lief. Noch 30 Minuten bis zum Beginn der großen Party. In den letzten Stunden hatten die Haie, zusammen mit einigen Helfern, Tische und Bänke auf dem Sparri aufgebaut.

Vor einem der Tore postierte Bobby seine Lautsprecher, das Mikro und einen Stuhl. Strom stellten ihnen die Leute vom Fitnessstudio zur Verfügung.

„Das habt ihr klasse gemacht, Jungs“, sprach Herr Putzer plötzlich Pedro von hinten an. Er deutete auf ihn und wandte sich an seine Familie. „Seht ihr? Das ist Pedro, der Wahnsinns-Dribbler, von dem ich euch erzählt habe.“

Er hatte von ihm erzählt? Pedro nickte ihnen

verlegen zu und kümmerte sich dann schnell weiter um die letzten Vorbereitungen.

Laura hängte beide Tore mit Bettlaken ab, auf die sie Autos gemalt hatte. „Hast du gesehen? Ein paar von der Schule sind schon da“, sagte sie, als Pedro ihr beim Aufhängen half.

Pedro nickte und fragte Mehmet, der ein paar Meter weiter noch einige Sitzbänke geraderückte: „Schon eine Antwort?“

„Alter, mach mich nicht verrückt! Ich check alle paar Minuten meine E-Mails mit dem Handy. Nichts vom Bürgermeister!“, antwortete Mehmet.

Mist, dachte Pedro. Er hatte so sehr gehofft, dass sich der Bürgermeister bis zu ihrer Protestveranstaltung melden würde. Ob Sami den Brief wirklich überreicht hatte?

„Die Knödel haben sich auch noch nicht blicken lassen“, seufzte Pedro und schaute auf alles, was sie schon aufgebaut hatten. Ohne die Knödel.

„Alter, ohne Promis rate ich ihnen das auch nicht. Oder hab ich hier einen übersehen?", fragte Dimitri und sah sich hektisch um.

Nein, auch Pedro konnte kein bekanntes Gesicht auf dem Platz entdecken, auch keine Fotografen oder Reporter. Aber immerhin standen einige Leute in Gruppen zusammen, die Pedro noch nie zuvor gesehen hatte.

„Hört ihr das?", fragte Laura. Es ertönte plötzlich Musik auf dem Platz. „Das ist die Musik vom Dschungel-Camp!"

Pedro kannte die nicht.

Die Musik dröhnte noch lauter, als Ulf und seine Knödel mit zwei Männern um die Ecke kamen.

„Siehst du? Das ist doch der … der … wie heißt er noch mal, der … Mist, der Name fällt mir nicht ein. Der war doch der Beste im Eidechsenschwänze-Essen. Buäääh!"

Schon bei dem Gedanken daran schüttelte es

Laura vor Ekel. Ulf sah sich mit langem Hals in alle Richtungen um.

Wonach suchte er bloß?

Als der erste Fotograf auftauchte, winkte Ulf ihm zu. Nun dämmerte es Pedro. Die Presse durfte ja nun endlich erfahren, wen die Knödel als Unterstützer gegen die Parkplatz-Pläne gefunden hatten.

„Hier sind wir!“, rief Ulf. Der Fotograf reagierte nicht, sondern postierte sich vor dem Mikrophon, an dem Bobby eine Tonprobe machte. „Okay, eins – zwei, eins – zwei.“ Weitere Fotografen trafen ein und versammelten sich vor dem Mikro.

„So viele Presseleute plötzlich? Wahnsinn!“, staunte Pedro.

Erst nachdem er sich einen Platz vor dem Mikro gesichert hatte, lief der erste Fotograf zum Dschungelcamp-König und positionierte einen Jungen und ein Mädchen neben ihm. Glücklich über die Autogrammkarten ihres Stars, grinsten die beiden in die Kamera.

„Setzen Sie doch für das Foto auch Ihre Krone auf!“, sagte der Fotograf.

„Super, dass Sie helfen, die Parkplätze zu verhindern!“, schwärmte das Mädchen.

Pedro beobachtete das Treiben mit einem seltsamen Gefühl. Alles erschien ihm wie ein Film, in dem er nur eine kleine Nebenrolle spielte. Darum wusste er auch nicht, was der LKW bedeutete, der direkt in den Park fuhr und mitten auf dem Gehweg hielt.

„Seht ihr, so macht man das, die kommen sogar mit einem Übertragungswagen fürs Fernsehen!“, triumphierte Ulf.

Jetzt bemerkte auch Pedro das Logo eines privaten Nachrichtensenders und die hektisch herumeilenden Reporter.

„Ist dort die Rednerbühne?“, fragte einer der Fernsehleute, der aus dem Wagen stieg und direkt am Dschungelkönig vorbeilief, ohne ihn zu beachten.

„Das Mikrophon ist dort, ja“, antwortete Pedro. Alle liefen kreuz und quer und bezogen in einem Halbkreis Position vor Bobbys Mikro.

Der Dschungelkönig lief vor Wut knallrot an und riss sich die Krone vom Kopf. Niemand interessierte sich für ihn.

„Das war so nicht ausgemacht!“, blaffte er Ulf an und stampfte vom Platz.

Ulf war kreideweiß und beobachtete mit Porky und den anderen Knödeln, was sich auf dem Platz abspielte.

Plötzlich Blaulicht, aber keine Sirene. Ein Polizeiwagen geleitete zwei Reisebusse zum Park.

„Alter, was ist denn hier los?“, fragte Mehmet, als er das Logo des Deutschen Fußballbundes erkannte.

Der Mannschaftsbus der deutschen Nationalelf

parkte direkt am Rand des Parks, dahinter hielt der zweite Bus – der tunesischen Mannschaft.

Sami stieg als Erster aus und lief direkt zu Pedro und Mehmet.

„Wwwas, wwwas bedeutet das…?“, fragte Pedro.

„Ich glaub esch nich“, hauchte Zachi.

Wie ein Bienenschwarm stürzten sich die Presseleute auf jeden, der den Bus verließ. Bastian Schweinsteiger grinste beim Aussteigen und sah sich interessiert nach dem Bolzplatz um, Mario Götze zupfte an seinem Käppi. Hinter ihnen folgten Philipp Lahm und alle weiteren Nationalspieler. „Hallo, Jungs!“, begrüßte Sami die Haie, die sich wie für ein Mannschaftsfoto aufgebaut hatten. Aber sie lächelten nicht, sondern starrten nur mit offenen Mündern auf die Nationalspieler von Deutschland und Tunesien, die nach und nach aus den Bussen kamen.

Keiner der Haie brachte ein Wort heraus.

Nicht mal, als Sami Allagui jedem der Haie einzeln die Hand gab.

Nur Zachi schaffte es, etwas zu sagen: „Glückwunsch zum Tor!“

Das Freundschaftsspiel hatte Deutschland erwartungsgemäß gegen die Tunesier gewonnen, allerdings überraschend knapp. Nur 3:2 und Sami war dabei ein Tor gelungen.

„Obwohl Neuer den beinahe gehalten hätte!“, fügte Torhüter Zachi noch an.

„Danke“, sagte Sami trotzdem und zeigte auf seine tunesische Nationalmannschaft ebenso wie auf die deutsche, die sich vergnügt auf dem Platz umsahen. Auch René Adler und Jérôme Boateng waren da. Mit den beiden hatten die Haie früher schon mal zu tun gehabt.

Zachi lief auf René Adler zu, um ihn zu begrüßen. Bestimmt würde der sich an ihn erinnern.

Und Boateng blinzelte freundlich zu Pedro

herüber. Glaubte Pedro jedenfalls. Dann ging Boateng wieder dazu über, seinen Mannschaftskollegen genau zu erklären, wie er und sein Halbbruder genau auf so einem Platz in Berlin das Kicken angefangen hatten.

Nur Bobby stand nicht bei den Haien, sondern schon auf der Bühne und konzentrierte sich auf seinen bevorstehenden Auftritt. Er stellte sich auf den Stuhl, räusperte sich und begann seine einstudierte Rede.

„Okay …, wir begrüßen Sie alle herzlich auf unserem Sparri!“, schallte es über den Platz.

Schlagartig verstummten die Gespräche, und alle hörten ihm aufmerksam zu. Zwischendurch gab es tosenden Beifall. Bobby machte seine Sache richtig gut!

„Bitte stoppen Sie die Pläne!“, beendete er schließlich seinen Vortrag.

Die deutschen und die tunesischen Nationalspieler applaudierten ebenso wie der

Bürgermeister, der die beiden Mannschaften begleitete.

Was passierte hier? Pedro konnte es immer noch nicht glauben.

Neben den Fotografen stand Ulf und stauchte Porky zusammen, als ob der schuld wäre, dass ihre Dschungelcamp-Promis, die niemand kannte und für die sich niemand interessierte, inzwischen abgehauen waren.

Dann übernahm der Bürgermeister das Mikrophon.

„Ich freue mich sehr, dass unsere Gäste und die Spieler mich nach dem Freundschaftsspiel hierher begleitet haben."

Die Trainer beider Mannschaften bedankten sich mit freundlichem Nicken.

„Aber jetzt geht mein Dank an die Fußball-Haie", sagte der Bürgermeister.

Pedro sah sich fragend nach seinen Freunden um. Wieso dankte er ausgerechnet ihnen?

„Wo seid ihr denn?“, fragte der Bürgermeister. „Kommt doch mal alle hierher nach vorne!“

Auch Ulf wollte gerade loslaufen.

Zachi stellte sich ihm in den Weg. „Du bischt kein Hai! Er hat Haie geschagt!“

„Wir arbeiten doch zusammen“, sagte Porky.

„Ach ja? Wo wart ihr denn die ganzen Tage?“, fragte Mehmet. „Nichts habt ihr gemacht, außer zwei Würmerfresser anzuschleppen.“

„Pah!“, machte Ulf.

„Lass sie“, ging Tom dazwischen. „Immerhin haben sie geholfen, als mich dieser Typ am Kragen hatte! Kommt mit!“

Mehmet und Zachi ließen ihn gewähren. Ulf und Porky kamen mit nach vorne, hielten sich aber im Hintergrund.

Wie zuvor Sami Allagui, gab nun der Bürgermeister jedem der Haie die Hand.

„Ohne euren Hilferuf hätte ich nicht so schnell von den Planungen erfahren. Durch euren Brief konnte ich schon jetzt mit den Verantwortlichen reden."

Er hielt den Umschlag in die Luft.

„Ich verspreche euch: Der geplante Parkplatz wird nicht gebaut! Wir werden eine andere Lösung finden. Hier bleibt alles, wie es ist!"

„Bald ist halt wieder Wahl", hörte Pedro von hinten Herrn Putzer sagen. Der Rest ging im tosenden Applaus und den Jubelrufen unter.

Die Haie rissen die Arme hoch, als hätten sie gerade ein Endspiel gewonnen.

Doch die größte Überraschung wartete noch auf sie.

„Hier wird weiter Fußball gespielt, und zwar am besten sofort!", rief der Bürgermeister und blies unbeholfen in eine Pfeife.

Die Fußball-Haie spielten nun gegen Schweinsteiger, Götze, Lahm, Müller und so weiter, die ihre Positionen im fliegenden Wechsel mit den tunesischen Spielern tauschten. „Sag ich doch!“, rief Sami Allagui ihnen grinsend zu: „Eine echte Weltauswahl!“

Pedro platzte fast vor Stolz.

Sogar die Knödel durften diesmal bei den Haien mitspielen.

Zum Abschluss bat Zachi noch um ein Gruppenbild mit den Fußballstars.

„Schonscht denkt unscher Trainer, dasch ischt allesch nur Phantaschie!“

Für die Fußball-Haie war es der schönste Tag in ihrem Leben. Ein Tag, den sie niemals vergessen würden!

LESERÄTSEL

1. Wie heißt der ältere Mann, den Pedro im Park trifft?

   P: Herr Putzer

   B: Herr Streicher

2. Welches Gericht bestellt Porky im ‚Dönerhimmel'?

   I: Currywurst

   E: Pommes mit Mayo

3. An wen schreiben die Fußball-Haie einen Brief?

   K: Bundestrainer

   D: Bürgermeister

4. Aus welchem Stadtteil kommen die Fußball-Haie?

   R: Wedding

   S: Kreuzberg

5. Wer von den Haien hält die Rede bei der Protest-Party?

   O: Bobby

   A: Pedro

Lösungswort:

1	2	3	4	5

Lösungswort: Pedro

WIE WÜRDEST DU ENTSCHEIDEN?

Hier sind zwei Fragen zum Nachdenken für dich!

1. Was wäre wohl mit den Fußball-Haien passiert, wenn sie ihren Bolzplatz verloren hätten?

2. Glaubst du, dass die Haie eines Tages mit Ulf und seinen Jungs für immer Frieden schließen werden?

DAS KLEINE FUSSBALL-LEXIKON

Coach: Ein anderes Wort für Trainer

Fliegender Wechsel: Wenn in einem Spiel ohne vorherige Unterbrechung durch den Schiedsrichter ein oder mehrere Spieler eingewechselt werden, nennt man das einen ‚fliegenden Wechsel'.

Tiki-Taka: So nennt man das vor allem vom FC Barcelona und der spanischen Nationalmannschaft praktizierte schnelle Kurzpass-Spiel, das sich durch einen hohen Ballbesitz der angreifenden Mannschaft auszeichnet. Die gesamte Mannschaft befindet sich dabei in ständiger Bewegung und lässt den Ball durch ihre Reihen laufen – bis sich die entscheidende Lücke beim Gegner auftut und die Chance zum Torabschluss entsteht.

Triple: Englisch für ‚dreifach'. Wenn eine Mannschaft in einer Saison die drei wichtigsten Titel im Vereinsfußball gewinnt (Meisterschaft, Pokal und Champions League), spricht man vom Triple. Die letzte Mannschaft, die das Triple gewinnen konnte, war 2013 der FC Bayern München. Zuvor war dies bereits Inter Mailand, dem FC Barcelona und Manchester United gelungen.

WANN GIBT ES GELB, WANN SIEHT EIN SPIELER ROT?

Rote Karte, Gelbe Karte – eine kurze Übersicht

Wenn ein Spieler gegen die Regeln verstößt, kann der Schiedsrichter ihm die Gelbe Karte oder sogar die Rote Karte zeigen.

Eine Gelbe Karte ist zunächst nur eine Verwarnung. Bekommt ein Spieler aber die Rote Karte gezeigt, muss er das Spielfeld verlassen und ist für das restliche Spiel gesperrt.

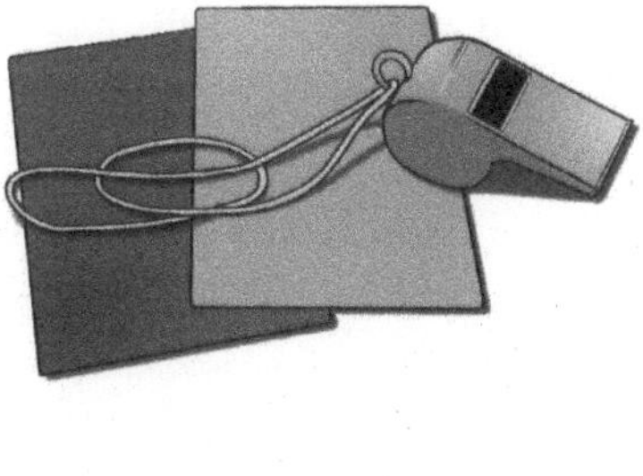

GELBE KARTE

Ein Spieler erhält eine Gelbe Karte, also eine Verwarnung, wenn er:

- sich unsportlich benimmt, z.B., wenn er eine Verletzung vortäuscht (Simulieren) oder ein Foul (Schwalbe)
- die Fortsetzung des Spiels verzögert, z.B., indem er trödelt
- sich beim Schiedsrichter beschwert
- wiederholt gegen die Spielregeln verstößt
- die festgelegten Abstände bei Einwürfen, Eckbällen und Freistößen nicht einhält
- das Spielfeld ohne Erlaubnis des Schiedsrichters betritt oder verlässt
- übertrieben über ein Tor jubelt, z.B. das Trikot auszieht oder auf den Zaun klettert

ROTE KARTE

Ein Spieler erhält eine Rote Karte, also einen Platzverweis, wenn er:

- grob foult
- eine Tätlichkeit begeht (z.B. jemanden angreift oder schlägt)
- eine andere Person anspuckt
- eine klare Torchance durch absichtliches Handspiel vereitelt
- eine klare Torchance unterbindet, ohne Kontakt zum Ball zu haben, also z.B. durch Halten, Ziehen oder Stoßen eines gegnerischen Spielers
- andere beleidigt oder abfällige Gesten ausführt
- zum zweiten Mal im selben Spiel verwarnt wird.

Der Schiedsrichter entscheidet, in welche Kategorie der Verstoß des Spielers fällt und welche Karte er zur Strafe zückt. Dabei versucht er natürlich, so fair wie nur möglich zu sein.

STELLE DEINE TRAUMMANNSCHAFT AUF!

Stelle eine Mannschaft mit deinen Lieblingsspielern auf und trage ihre Namen und Rückennummern auf der rechten Seite ein.

Trenne danach die Seite vorsichtig heraus. Jetzt kannst du sie sammeln und in dein persönliches Fußball-Album kleben, sie verschenken oder in deinem Zimmer aufhängen!

MEINE TRAUMMANNSCHAFT

Name ____________________ Trainer ____________________

____
Sturm

____________________ ____________________ ____________________
Offensives Mittelfeld

____________________ ____________________
Defensives Mittelfeld

____________________ ____________________ ____________________ ____________________
Abwehr

____
Tor

Die Fußball-Haie

Fußball-Haie: Spieler gesucht!

Fußball-Haie: Das große Turnier

Fußball-Haie: Ein Team startet durc

Fußball-Haie: Kampf um den Bolzplatz

Fußball-Haie: Spiel mit Biss

Fußball-Haie: Duell im Fußballcamp

jedes Buch ein Treffer!

Fußball-Haie: Torwart vermisst!

Fußball-Haie: Böses Foulspiel

Fußball-Haie: In der Abseitsfalle

Fußball-Haie: Freundschaft oder Sieg

Aus Verantwortung für die Umwelt hat sich der Fischer Kinder- und Jugendbuch Verlag zu einer nachhaltigen Buchproduktion verpflichtet. Der bewusste Umgang mit unseren Ressourcen, der Schutz unseres Klimas und der Natur gehören zu unseren obersten Unternehmenszielen.

Gemeinsam mit unseren Partnern und Lieferanten setzen wir uns für eine klimaneutrale Buchproduktion ein, die den Erwerb von Klimazertifikaten zur Kompensation des CO_2-Ausstoßes einschließt.

Weitere Informationen finden Sie unter: www.klimaneutralerverlag.de